Collection de M. G***, d'Amsterdam.

# FAÏENCES DE DELFT

Porcelaines de Sèvres  de Saxe

et de Chelsea

## OBJETS EN ARGENT

M⁰ **CHARLES OUDART**, Commissaire-Priseur,
**M. EMILE BARRE**, Expert.

PARIS — 1868

**RENOU ET MAULDE**

IMPRIMEURS DE LA COMPAGNIE DES COMMISSAIRES-PRISEURS

Rue de Rivoli, 144

# CATALOGUE

DE

# FAÏENCES DE DELFT

## BLEUES ET DORÉES

Statuettes, Plats, Théières, Assiettes, Plaques, Brosse, Potiches
Bourriers, Tasses, Pièces variées

## PORCELAINES DE SÈVRES, DE SAXE ET DE CHELSEA

Groupes, Figurines, Service à thé, Tasses, Plats, etc.

## OBJETS EN ARGENT

Étuis, Calices, Vidrecomes, Boîtes

## OBJETS DE VITRINE

Clefs, Miniatures, Tabatières, Montres, etc.

## MEUBLES, TAPISSERIES

## Composant la Collection de M. G***, d'Amsterdam

DONT LA VENTE AURA LIEU

## HOTEL DROUOT, SALLE N° 4

### *Le Samedi 5 Décembre 1868*

Par le ministère de **M° CHARLES OUDART**, Commissaire-Priseur,
Boulevart des Italiens, 26,

Assisté de M. **ÉMILE BABRE**, Expert, rue de la Chaussée-d'Antin, 20

*Chez lesquels se distribue le présent Catalogue.*

### EXPOSITION PUBLIQUE

LE VENDREDI 4 DÉCEMBRE 1868

## PARIS — 1868

## CONDITIONS DE LA VENTE

La Vente sera faite au comptant.

Les Acquéreurs paieront CINQ POUR CENT en sus du prix d'adjudication, applicables aux frais.

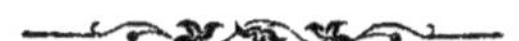

L'Exposition mettant le public à même de se rendre compte de l'état des Objets, il ne sera admis aucune réclamation une fois l'adjudication prononcée.

# DÉSIGNATION

## FAIENCES ET PORCELAINES

1 — Service à thé, en porcelaine de SAXE, composé de :
    1 Cafetière,
    1 Théière,
    1 Pot à lait.
    1 Boîte à thé,
    1 Sucrier,
    1 Plat à bonbons,
    6 Tasses et Soucoupes.

2 — Tasse et Soucoupe en porcelaine de BERLIN.

3 — Deux Tasses et Soucoupes porcelaine de CHINE émaillée.

4 — Deux Tasses et Soucoupes porcelaine de CHINE émaillée.

5 — Tasse et Soucoupe porcelaine du JAPON, riche.

6 — Tasse et Soucoupe en porcelaine de SÈVRES, Fleurs et Fruits.

7 — Deux Tasses et Soucoupes avec couvercle en porcelaine de SAXE.

8 — Deux Tasses et Soucoupes en porcelaine de SAXE.

9 — Tasse et Soucoupe en porcelaine de SAXE.

10 — Tasse et Soucoupe riche, rehaussées d'or.

11 — Deux Tasses et Soucoupes en porcelaine de SAXE ; décor, sujets de bataille.

12 — Tasse et Soucoupe en porcelaine du JAPON
émaillée.

13 — Tasse et Soucoupe en porcelaine du JAPON
émaillée.

14 — Deux Tasses et Soucoupes en faïence de DELFT.

15 — Tasse et Soucoupe en porcelaine de SAXE.

16 — Tasse et Soucoupe en porcelaine de SAXE, décor
Fleurs et Fruits.

17 — Tasse en porcelaine de CHINE, montée sur pied.

18 — Tasse et Soucoupe en porcelaine de SÈVRES.

19 — Tasse et Soucoupe en porcelaine de CHINE, craquelé à l'intérieur.

20 — Pot à Tabac en porcelaine de CHINE, craquelé,
avec couvercle sur pied, en bois sculpté.

21 — Petite Plaque en porcelaine de Wedgwood, représentant une marchande d'Amours.

22 — Souris en faïence de Delft.

23 — Grand Plat en faïence de Delft, émaillé en couleur.

24 — Plat à barbe émaillé, couleur et or.

25 —       Id.       fêlé       id.

26 — Plat émaillé couleur et or, orné de 4 médaillons
avec portraits, couleur et or.

27 — Plat émaillé couleur et or, orné de 4 médaillons
avec portraits.

28 — Assiette émaillée couleur et or, dessin japonais
avec portraits.

29 — Assiette émaillée, couleur et or, dessin japonais.

30 — Assiette jaune, ornée d'arabesques, dessin japonais.

31 — Plat rond cannelé, émaillé couleur et or, dessin japonais, avec portraits.

32 — Grand Plat en faïence de DELFT jaune, orné d'arabesques, avec portraits.

33 — Deux Saucières sur plats, riche décor couleur et or, avec médaillons, porcelaine de SAXE.

34 — Théière, riche décor couleur et or, dessin japonais. DELFT.

35 — Deux beurriers sur plats, émaillés couleur et or, avec paysage rustique, genre SAXE.

36 — Deux Beurriers avec couvercles représentant des cygnes. DELFT.

37 — Tonneau hollandais, émaillé couleur et or. DELFT.

38 — Deux Potiches couleur et or, richement décorées, dessin japonais. DELFT.

39 — Petite figurine en faïence de DELFT représentant un Polichinelle dansant.

40 — Deux Chevaux en faïence de DELFT, de couleur, selles rouge et or.

41 — Plat rond, en faïence d'URBINO.

42 —     Id.      id.      id.

43 —     Id.      id.      id.

44 —     Id.      id.      id.

45 — Grand Plat rond en majolique, avec sujets bibliques.

46 — Petit Bac en majolique, avec sujets bibliques.

47 — Une petite Canette formée par un homme assis.

48 — Cafetière en *faïence d'Amsterdam*, style rocaille, décor bleu (pièce rarissime), marquée avec un coq.

49 — Pot à bière en faïence de DELFT, grisaille montée
en étain.

50 — Canette en faïence de ROUEN, avec son couvercle.

51 — Canette avec couvercle, en faïence de DELFT.

52 — Brosse montée en faïence de DELFT, avec rehauts
d'or.

53 — Grand Plat en faïence *italienne*, orné d'un sujet
mythologique.

54 — Petite Salière de couleur, rehaussée d'or, dessin
japonais. DELFT.

55 — Plat en faïence d'URBINO.

56 — Sucrier en porcelaine de SAXE, forme de nid d'oi-
seaux.

57 — Petite Canette avec couvercle, en porcelaine de
SAXE; décor paysage.

58 — Tasse et Soucoupe en porcelaine de WEDGWOOD,
décor blanc sur fond gris. (Haut relief.)

59 — Deux Plats ronds en porcelaine de CHINE.

60 —     Id.      id.        id.

---

# OBJETS EN ARGENT

## ET OBJETS DIVERS

61 — Calice byzantin en cuivre doré, le haut en argent.

62 —     Id.      id.        id.

63 — Calice en argent doré, forme de tulipe connue en
Hollande sous le nom de calice de Tantale.

64 — Calice en argent avec couvercle, en forme d'a-
nanas.

65 — Calice en argent avec couvercle en forme d'a-
nanas.

66 — Calice en argent doré avec couvercle, décor de
fleurs.

67 — Calice en argent doré avec couvercle, style italien.

68 — Coquille gravée par Bellequin, montée sur pied en
argent repoussé, en 1628.

69 — Deux Figurines en porcelaine de SAXE. (Jardinier
et Jardinière.)

70 — Deux Figurines en porcelaine de SAXE. (Étudiant
et Bergère.)

71 — Deux Groupes en porcelaine de SAXE. (Seigneur et
Bergère.)

72 — Deux Figurines en porcelaine de SAXE. (Marchand
de cerises et marchande de fleurs.)

73 — Figure allégorique en porcelaine de SAXE, représentant l'Hiver.

74 — Figurine en porcelaine de SAXE, représentant
Atlas.

75 — Figurine en porcelaine de SAXE. (Mendiant napo-
litain.)

76 — Petite Figure en porcelaine de Saxe. (Jardinière
sur piedestal.)

77 — Statuette en porcelaine de SAXE (Costume Watteau).

78 — Grand Groupe en porcelaine de CHELSEA, représentant le Cygne et Léda.

79 — Grand Groupe en porcelaine de SAXE, représentant
un marquis en costume Louis XV, aux pieds de
sa belle.

80 — Tabatière en écaille incrustée en argent, représentant une scène champêtre.

81 — Tabatière en agate, à deux compartiments.

82 — Tabatière en bois de chêne pétrifié. (Pièce très-rare.)

83 — Tabatière en agate.

84 — Id. id.

85 — Id. en corne piquée.

86 — Id. ronde en agate.

87 — Id. en ivoire doublé écaille, avec portrait en WEDGWOOD.

88 — Id. en racine de bruyère, doublé écaille; le couvercle est orné d'une mosaïque de Florence.

89 — Id. en porcelaine de SAXE, décor de fleurs; paysage; doré à l'intérieur.

90 — Id. en émail de Chantilly, doré à l'intérieur; le dessous de couvercle est orné de sujets Watteau.

91 — Id. en corne, doublé écaille; le dessus piqué en argent.

92 — Id. en or émaillé, Louis XVI.

93 — Flacon en porcelaine de SAXE.

94 — Tabatière en émail de SAXE, manière noire.

95 — Buste forme de cachet, en porcelaine de SAXE.

96 — Groupe en porcelaine de SAXE (Danseurs).

97 — Grande Corne montée argent, en verre gravé, avec sujets de chasse.

98 — Petite Théière chinoise en terre rouge.

99 — Étui en ARGENT, avec ingrédients.

100 — Étui en pierre, id.

101 — Boîte ovale en ARGENT.

102 — Boîte à mouches en ÉMAIL DE SAXE, fond jaune.

103 — Id. id. blanc.

104 — Id. en AGATE, montée en argent.

105 — Deux Coquilles montées ARGENT, formant un flacon.

106 — Un Lapin en mosaïque ROMAINE.

107 — Un Médaillon en AGATE.

108 — Miniature sur cuivre, genre de F. Hals ; encadrement ovale.

109 — Miniature en argent, encadrement carré.

110 — Portrait de Vélasquez peint par A. PALENCIA, peintre espagnol (1665) ; encadrement octogone.

111 — Buste d'Aristophane sur piédestal en porcelaine de WEDGWOOD et BENTLEY.

112 — Pommeau de canne en bois, avec montre à l'intérieur.

113 — Chandelier en CRISTAL DE ROCHE.

114 — Gobelet en BUFFLE.

115 — Calice avec couvercle en IVOIRE.

116 — Hallebarde en fer gravé ouvragé à jour.

117 — Ciseaux en fer gravé.

118 — Clef en fer gravé.

119 — Clef ouvragée à jour.

120 — Couteau de chasse avec manche en agate et son étui en peau de TRUIE.

121 — Grande Clef en fer ouvragé avec couronne royale.

122 — Clef en fer ouvragé.

123 — Id. et gravé.

124 — Menottes avec clef en fer gravé du XVI<sup>e</sup> siècle.

125 — Canette en verre de Venise, avec couvercle en étain.

126 — Madone en ivoire sculpté.

127 — Cuiller en FILIGRANE D'ARGENT.

128 — Partie d'un Fusil du XVI<sup>e</sup> siècle en fer gravé, représentant des sujets de chasse,

---

## GRÈS

129 — Un Grès de Flandre blanc à goulot.

130 —          Id.          bleu          id.

131 —          Id.                en forme de tonneau,

132 — Un Pot à bière en GRÈS, ÉMAILLÉ noir et blanc.

133 —          Id.          allemand, émaillé de couleur avec sujet de Chasse sur l'un des côtés et médaillon (Portrait de Femme) sur l'autre.

134 — Grand Pot à bière suisse, brun, avec inscription : *Harenimus Hudler*.

135 — Sous ce numéro, 14 Grès de différentes grandeurs.

---

## MEUBLES, TAPISSERIES

136 — Trois beaux Meubles anciens.

137 — Trois belles Tapisseries.

138 — Sous ce numéro, les Objets qui n'ont pu être catalogués.

---

RENOU et MAULDE, imprimeurs de la Compagnie des Commissaires-Priseurs, rue de Rivoli, 144.          10690

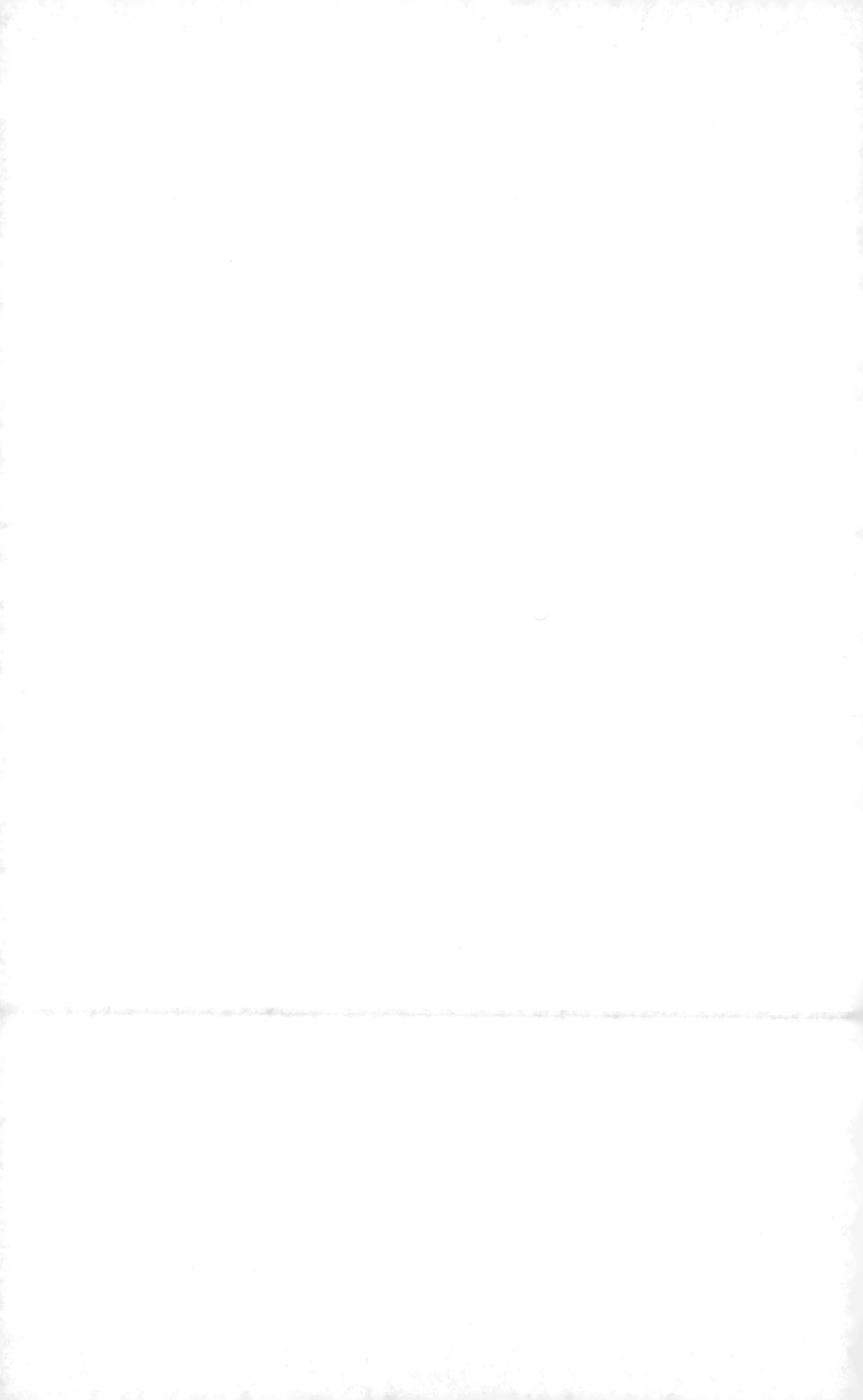